QUINO

¡QUÉ MALA ES LA GENTE!

EDICIONES DE LA FLOR

Diagramación y tapa: Pablo Barragán

Cuarta edición: febrero de 2003

© Joaquín Salvador Lavado (Quino)
© 1996, Ediciones de la Flor S.R.L.
Gorriti 3695, C1172ACE Buenos Aires, Argentina.
www.edicionesdelaflor.com.ar

Hecho el depósito que dispone la ley 11.723
Impreso en la Argentina
Printed in Argentina

ISBN 950-515-725-8

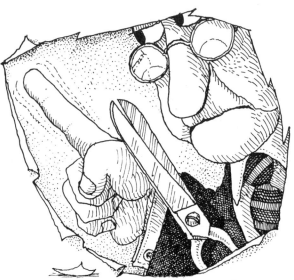

 DR., AL GIRAR LA CABEZA SIENTO UN HORMIGUEO AQUÍ, ¿QUÉ PUEDE SER?  VEAMOS....  ¿HORMIGUEO, AL GIRAR ASÍ? ¡SÍMM!

BIEN, POR SUERTE, HOY ESTA ALTÍSIMA TECNOLOGÍA NOS AYUDA A CONFIRMAR EL DIAGNÓSTICO SIN NINGÚN MARGEN DE ERROR: LO SUYO ES LO QUE YO SUPONÍA.  ¿O SEA, DOCTOR?  ...O SEA SUS CERVICALES, QUE AL ROTAR (1) TRANSMITEN A LAS VÉRTEBRAS LUMBARES (2) UN IMPULSO QUE AFECTA AL NERVIO SACRO-GENITO PÚBICO (3), DE AHÍ EL HORMIGUEO EN ESTA ZONA.

PARA MAYOR SEGURIDAD HAREMOS UNA RESONANCIA MAGNÉTICA GENERAL DE COLUMNA; TENGA LA ORDEN, Y ADEMÁS....  ...UN ESTUDIO DE TODO SU SISTEMA NEUROLÓGICO Y OTRO DEL TRACTO URETRO-VESICAL COMPLETO.  Y QUÉDESE TRANQUILO, QUE HOY LA MEDICINA CUENTA CON TODOS LOS MEDIOS PARA DESCUBRIR A TIEMPO EL VERDADERO ORIGEN DE CUALQUIER SÍNTOMA, COMO EN SU CASO. ¡AH, Y EVITE GIRAR SU CABEZA, POR AHORA!

  ¡MALDITAS CERVICALES!

MAMÁ, SIENTO ALGO, NO SÉ MUY BIEN DÓNDE, QUE NO SÉ QUÉ ES. ¿QUÉ ES?

—¡¡¡OTTTTRA VEZ EL ABUELO CON LA COMPUTADORA DE RICARDITO!!!!.....

¡NO, ABUELO, NO!.. ¡LA DUCHA ESTÁ EN OTRO LADO! ¡VENGA, VENGA QUE LO ACOMPAÑO!

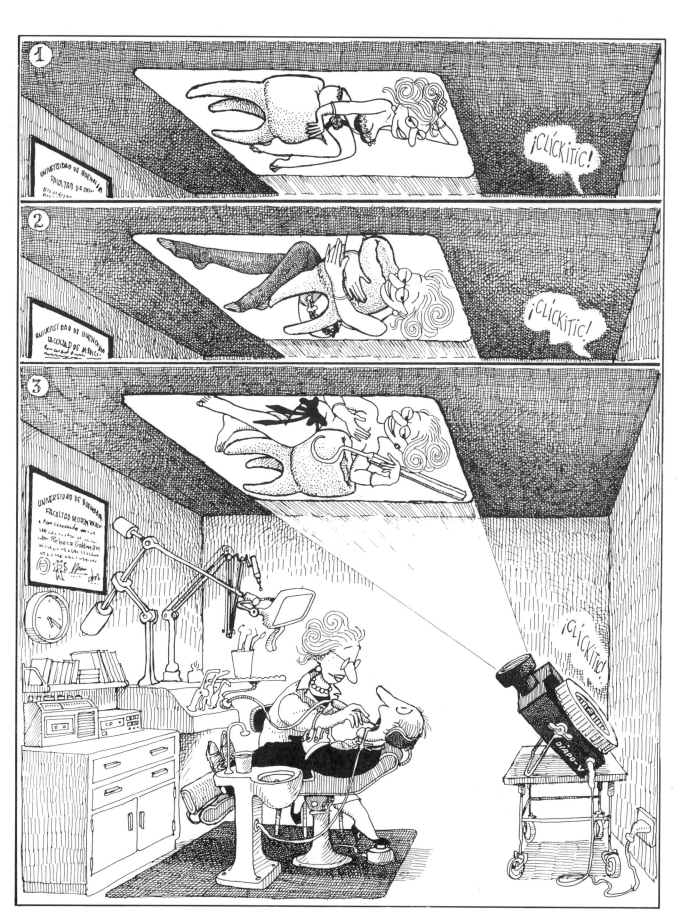

~¡¡CALMA, MATILDE, CALMA!!...¡ANTES DE QUE
VAYAS A IMAGINARTE LO QUE NO ES,. ¿HAS
OÍDO HABLAR DE LA REALIDAD VIRTUAL??.

MI PROMETIDA CONTRIBUCIÓN A SU PARROQUIA ANTES DE LA BODA, PADRE, Y NO SE OLVIDE, ¿EHE?

¡GRACIAS, HIJO! PIERDE CUIDADO

LUIS ARMANDO: ¿ACEPTAS POR ESPOSA A MARÍA FERNANDA Y JURAS ANTE DIOS AMARLA Y RESPETARLA, TANTO EN BONANZA COMO EN ADVERSIDAD?

¡SÍ, JURO!

Y TÚ, MARÍA FERNANDA: ¿ACEPTAS POR ESPOSO A LUIS ARMANDO Y JURAS ANTE DIOS NO CRITICAR A SU MADRE, DEJARLE VER TODO EL FÚTBOL QUE QUIERA, ASÍ EN LA CANCHA COMO EN TV, SACIAR LA SED Y EL HAMBRE DE SUS AMIGOS CUANDO LOS INVITE A VUESTRO HOGAR, NO ACOSARLO NUNCA CON "DE DÓNDE VENÍS A ESTAS HORAS" Y AMARLO Y RESPETARLO, TANTO EN BONANZA COMO EN ADVERSIDAD?

"¡¡CIELOS, MI MARIDO!!"

¿VIERON LO QUE PASÓ? ¡¿¿USTEDES VIERON LO QUE PASÓ??!!

NNO, LA VERDAD, ESTUVIMOS... DIGO, NO VIMOS NADA, NO

¡¡CLAAAROO, NO VIERON NADA!! ¡¡TAMPOCO EL ÁRBITRO VIÓ NADA, NI EL JUEZ DE LÍNEA VIÓ NADA!! ¡¡NADIE VIÓ NADA!!

¡Y SIN EMBARGO TODO EL ESTADIO, SÍ SEÑOR, **TODO EL ESTADIO** VIÓ QUE AQUELLO ERA UN PENAL!!

¿¿NO ES UNA VERGÜENZA?? SÍ, SÍ... UN ASCO, PERO YO MEJOR... ¡ADIÓS! ¿SÍ?

SÍ, ADIÓS, ¡¡ADIÓS AL CAMPEONATO, CON ÁRBITROS TÁNJOS DEPÚT!! ¡¡NO ES POSIBLE!!

¡LO QUE NO ES POSIBLE ES QUE VIVAS ASÍ, AMARGÁNDOTE LA VIDA POR EL FÚTBOL! ¡¡SÓLO ESO TE INTERESA!!

¡YO YA NO EXISTO EN ESTA CASA! ¡¡NI ME MIRAS, SIQUIERA; TE IMPORTA MÁS EL FÚTBOL QUE YO!!

¡SÍ QUE TE MIRO, TONTITA! RECIÉN, CUANDO TE FUISTE, ¿CREES QUE NO NOTÉ QUE CAMBIASTE PEINADO? ¡TE QUEDAN "SEXY" LOS RULITOS RUBIOS, PICARONA!

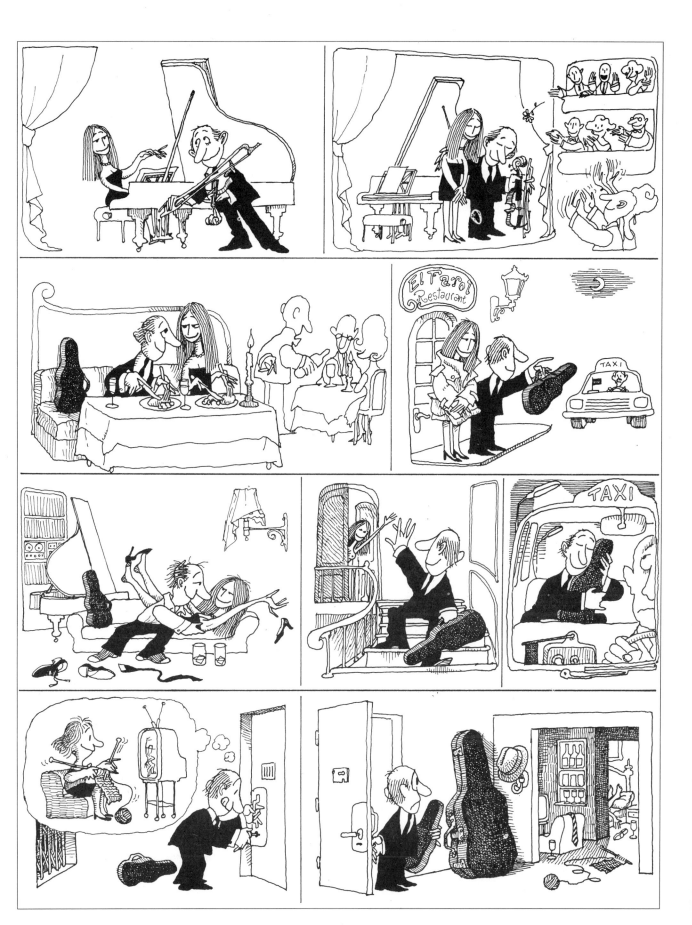

~ NOS AYUDARÍA MUCHO, PARA ENCONTRAR A SU ESPOSO, TENER AL MENOS
UN PEQUEÑO INDICIO SOBRE QUÉ CAUSA, RAZÓN O MOTIVO PUEDA
HABERLO LLEVADO A HACER ABANDONO DE SU HOGAR

¡¡¿¿QUIÉN ANDA AHÍ??!!

40

—¡POR NOSOTROS!...METIDOS EN ESTA FAMILIA DE LOCOS QUE INSISTE
EN CREER QUE HAS MUERTO, PORQUE, ¡POBRES!, NO HAN ENTENDIDO
TODAVÍA PARA QUÉ SIRVE EL AMOR.

~NO, NADA; COSAS DE LA ABUELA, QUE SE PASA HORAS EN SU
MECEDORA, PENSANDO, Y DEJA LUEGO SUS RECUERDOS
DESPARRAMADOS POR CUALQUIER PARTE.

~....Y ESTE ES EL CUARTO EN EL QUE LA ABUELA ESTABA SIEMPRE CON SUS AGUJAS.

DISCULPE, JOVEN, ¿ESTE PAÍS TIENE SALIDA AL FUTURO?

POR SUPUESTO. PARA TERCERA EDAD PISO 14. AL SALIR DEL ASCENSOR, ENFRENTE VERÁ LA PUERTA

AH, ¿Y NO ESTARÁ CERRADA, NO?

¡NOOOO,... CON PICAPORTE NOMÁS, VAYA TRANQUILO, ABUELO!

~EL SEÑOR DISCULPE, PERO PARA NOTIFICAR A TODAS LAS PERSONAS QUE YA HAN SIDO INVITADAS, ¿CUÁL SERÍA EL TÉRMINO CORRECTO: EL SEÑOR LA FIESTA LA POSTERGA, LA SUSPENDE, LA ANULA O LA CANCELA?

¡MMMH,... EL VINO!!

PERO, DIGO YO.......

...EN EL MÁS ALLÁ: ¡HABRÁ VI...?¡¡¡UY-UY, A VER SI NO HAY VINO EN EL MÁS ALLÁ!!!!

NO, UN MOMENTO, ¡CALMA! ¿CÓMO NO VA A HABER? ¿ESTAMOS TODOS LOCOS AHORA?

¿Y SI NO HAY??

¡PADRE!... ¡PADRE!...

¡PADRE, TENGO UNA DUDA!! EN EL MÁS ALLÁ: ¿HAY (TEN, HIJO)

EL "NUEVO TESTAMENTO", EN LA PALABRA DEL SEÑOR HALLARÁS LA RESPUESTA A CUALQUIER DUDA.

S.MATEO 26. 29) Y OS DIGO QUE DESDE AHORA NO BEBERÉ MÁS DE ESTE FRUTO DE LA VID, HASTA AQUEL DÍA EN QUE LO BEBA NUEVO CON VOSOTROS EN EL REINO DE MI PADRE.

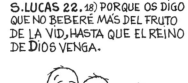

S.MARCOS 14. 25) EN VERDAD OS DIGO QUE DE HOY NO BEBERÉ YA DE ESTE FRUTO DE LA VID, HASTA EL DÍA EN QUE LO BEBA NUEVO EN EL REINO DE DIOS.

S.LUCAS 22. 18) PORQUE OS DIGO QUE NO BEBERÉ MÁS DEL FRUTO DE LA VID, HASTA QUE EL REINO DE DIOS VENGA.

¡¡¡YYYY¡¡¡¡¡ÚÚÚÚÚJHUUUÚUUU!!!!...

BIBLIOGRAFÍA:
"EL NUEVO TESTAMENTO" The Gideons Intern. Ed. 1988
"LA SANTA BIBLIA" Sociedades Bíblicas Unidas Ed. 1955
"SAGRADA BIBLIA" Edit. Herder, Barcelona. Ed. 1979

¡BUÉH!...HABIENDO VISTO Y OÍDO EL NOTICIERO.....

...Y REFLEXIONADO HONDAMENTE SOBRE DESOCUPACIÓN, CORRUPCIÓN, DESMANTELAMIENTO DE LA SANIDAD PÚBLICA, DESNUTRICIÓN INFANTIL,..

....RACISMO, ATENTADOS, DESTRUCCIÓN ECOLÓGICA, GENOCIDIOS Y DEMÁS ACONTECERES HUMANOS.....

....UN SERVIDOR COMUNICA A SU FAMILIA QUE, POR ESTA NOCHE, HA DECIDIDO EMBORRACHARSE EN DEFENSA PROPIA.
¡SALUD!

DIAGNÓSTICO DIFÍCIL, DOCTORA: COMO EL
PACIENTE FUE CONCEBIDO "IN VITRO" NO
SABEMOS SI ESTAMOS ANTE UN CASO
DE ALCOHOLISMO, O DE AMOR FILIAL.

—¡¡NOOO, CLAAARO, USTEDES NO SABEN NADA, DE MI
WHISKY!!...¡¡JAMÁS LO PROBARON, MI WHISKY!!;DEBEN
SER LOS FANTASMAS, QUE SE BEBEN MI WHISKY!!!.

¡SEÑOR, POR FAVOR, ALGO PARA COMER!

¡SEÑOR, POR FAVOR, ALGO PARA COMER!

PASARÁN LOS BIENAVENTURADOS CIELOS POR UNA AGUJA ANTES QUE EL OJO DE UN RICO ENTRE EN EL DE LOS POBRES PORQUE DE ESTOS SERÁ EL REINO DE LOS CAMELLOS

—NOSOTROS APOYAMOS A ESTE HOMBRE
PORQUE CONSIDERAMOS QUE NADIE COMO
ÉL CONSIGUIÓ UNA PARTICIPACIÓN POPULAR TAN
ACTIVA Y TAN DIRECTA PARA AYUDAR A SOLUCIONAR
UN TEMA DE FUNDAMENTAL IMPORTANCIA COMO ES
EL DE LA ALIMENTACIÓN, POR EJEMPLO.

~POR FAVOR, SEBASTIAN; LA ÚNICA MANERA DE PODER CONVIVIR HOY CON TANTOS MILLONES DE POBRES COMO HAY EN EL MUNDO ES ACERCARSE A SUS COSTUMBRES PARA TRATAR DE COMPRENDERLOS. ¿POR QUÉ DUERMEN EN EL SUELO, POR EJEMPLO? DEBO SENTIRLO POR MÍ MISMA. Y NO INTENTES DISUADIRME, PORQUE NO LO CONSEGUIRÁS.

~ENTIENDO: DEBO ANUNCIAR A MI SEÑOR QUE EL SEÑOR ABOGADO
DE LOS SEÑORES VECINOS DESEA VERLO. ¿EL SEÑOR ABOGADO
SABRÍA ANTICIPARME POR QUÉ ASUNTO ES, SI ES TAN AMABLE?

—A MÍ LO QUE ME GUSTA DE ESTE NUEVO CHOFER ES QUE SABE CÓMO RESOLVER CUALQUIER DETALLE QUE A UNO PUEDA DARLE EL MÁS MÍNIMO FASTIDIO.

~¡¡ SÍ, SÍ!! AL ABORTO.!! ¡¡ SÍ AL ABORTO,SÍ!.!!¡¡ABORTO OBLIGATORIO!!
¡¡ ESO:ABORTO GENERAL,MASIVO,ABSOLUTO,GLOBAL!!;¡SÍ SEÑOR,
ABORTO INMEDIATO,YA MISMO,TODAS A ABORTAR!!...¡¡ABORTO
PERPETUO.!!¡¡CON PREMIOS: "ABORTA Y VIAJA:ROMA,PARÍS,LONDRES.!!"

¡QUÉ MALA ES LA GENTE!

RESULTA QUE, COMO YO UN DÍA APARECÍ CON UNA MARIPOSA......

LOS VECINOS SE VINIERON CON UN RATÓN

¡AH, PERO A MÍ NO ME VAN A INTIMIDAR! ¡¡NO SEÑOR!!

UN DÍA DE ESTOS LES CAIGO CON UN CANICHE, ¡Y VAN A VER LO QUE ES BUENO.!.

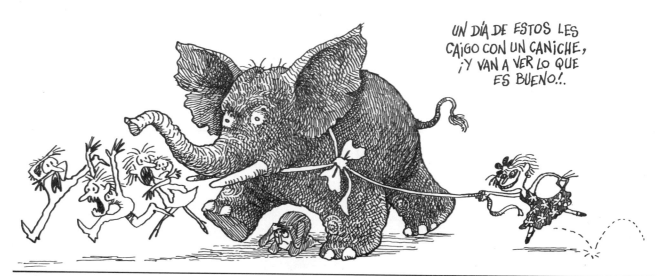

¿ESTADO CIVIL?

¡¡TTTRRRAICIONADA!!

—DISCULPE, DOCTORA, PERO....LA CLÁSICA ADVERTENCIA ".. Y SEXO, POCO," ¿DE ESO USTED NO PIENSA DECIRLE ABSOLUTAMENTE NADA?

~A MI MARIDO LE ENCANTA EL MUSEO DE BELLAS ARTES, PORQUE DICE QUE AQUÍ ÉL PUEDE VER DESNUDOS BONITOS SIN TENER QUE GASTAR EN CABARET, Y QUE ADEMÁS ESTO LO MOTIVA PARA EL AMOR, Y QUE PARA ESO ME TIENE A MÍ, QUE AL FIN DE CUENTAS SOY A QUIEN ÉL REALMENTE QUIERE.

Se conocieron en la Galería Nacional.

Ambos amaban el Arte.

Quedaron en tomar juntos un café el martes siguiente.

Jamás supieron por qué no pudo ser.

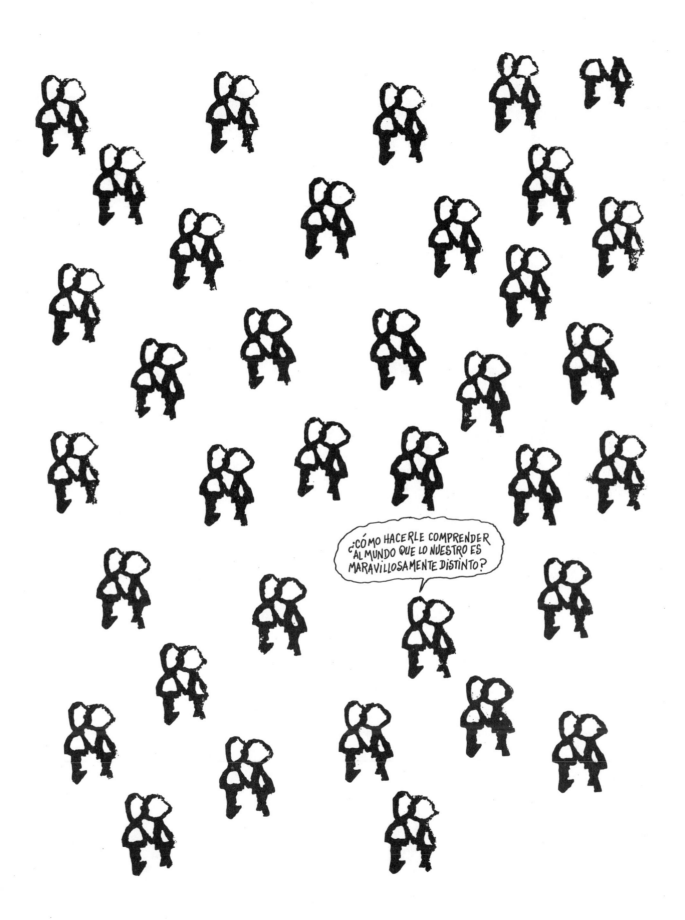

—¿PUEDE PASAR UN MOMENTO, SEÑORITA DOLLY?
HABRÍA UN CIERTO TEMA A TRATAR CON USTED.

~ USTED DÉJEME SU PROPUESTA Y QUÉDESE TRANQUILO, QUE EN ESTA EMPRESA, A LA HORA DE TOMAR DECISIONES,... ...¡AQUÍ ESTOY YO!!

~SEÑORES, SI MEDIANTE LA HABITUAL *"GRATIFICACIÓN A NUESTRO HOMBRE CLAVE."* LOGRÁRAMOS QUE LAS AUTORIDADES NOS ADJUDIQUEN EL TOTAL MANEJO PUBLICITARIO DE LA *"CRUZADA NACIONAL DE LUCHA POR LOS VALORES MORALES, Y ESPIRITUALES"* CALCULO QUE PODRÍAMOS LLEGAR A OBTENER UNA GANANCIA NETA DE POR LO MENOS DOS MILLONES DE DÓLARES.

-AUN CUANDO LA GENTE VE EN MÍ SOLO AL DURO
HOMBRE DE NEGOCIOS FRÍO, CALCULADOR, ÁVIDO DE
DINERO Y DE PODER, LE CONFIESO QUE EN EL FONDO
YO SIGO SIENDO EL TÍMIDO NIÑO QUE NECESITA TENER
SIEMPRE A SU LADO UN ÁNGEL GUARDIÁN QUE LO
PROTEJA DE TODO MAL.

—LLEGÓ HABLANDO DE COSAS MUY RARAS,...BONDAD, AMOR, TOLERANCIA, CARIDAD, CUANDO AQUÍ LO QUE NECESITAMOS ES SEGURIDAD, CASA, PAN Y TRABAJO. PERO LO QUE NOS HIZO SOSPECHAR ENSEGUIDA DE ÉL ES QUE NO RECORDAMOS HABERLO VISTO SIQUIERA UNA VEZ EN TELEVISIÓN.

— ESTEEEEM....PERDÓN, SEÑOR...ACABA DE LLEGAR UN FAX.

PADRE, MI MARIDO, CUANDO ERA JOVEN, VIVÍA DESEANDO A LA MUJER DEL PRÓJIMO.

EN CAMBIO AHORA.....¡¡A SU EDAD!!..... ¡¡SSFFFÑÍGGH!!

¡VIVE DESEANDO A LAS HIJAS DE LA MUJER DEL PRÓJIMO! "¡PERO MUJER!," ME DICE......

"LO MÍO ES APENAS VIVIR EN .... PECADO NORMAL." ¿EXISTE ESO, PADRE?

~TRATE DE CALMARSE Y CUENTEME, SEÑORA: ¿CUÁNTO HACE QUE EMPEZÓ CON ESTO DE LA *MÍSTICA - GYM*?

¿POR QUÉ TANTA CONGOJA, HIJOS?

PORQUE, SEÑOR, GUERRAS, HAMBRE, DEPREDACIÓN, INJUSTICIA, CORRUPCIÓN,... ¡ASOLAN EL PLANETA, ESTRUJAN NUESTROS CORAZONES Y DEPRIMEN NUESTRO ÁNIMO!

CIERTO ES QUE YO PROMETÍ NO REPETIRLO, PERO...¿Y SI HACEMOS LO DE LA OTRA VEZ?

¿QUÉ OTRA VEZ, SEÑOR?

¡LA DEL DILUVIO!...UN DILUVIO QUE BORRE NUEVAMENTE LA MALDAD HUMANA DE LA FAZ DE LA TIERRA PARA QUE NAZCA LUEGO UN HOMBRE DISTINTO, MÁS SABIO Y MÁS JUSTO.¿SÍ?

ESTEEEM...BUENO, EN REALIDAD, GUERRAS, LO QUE SE DICE GUERRAS....PSÍ, HAY UNOS LOCOS QUE DISPARAN ALGUNOS TIROS POR AHÍ.....Y LO DEL HAMBRE, HOY CON LA SOJA, LAS ALGAS Y TODAS ESAS COSAS, HAMBRE-HAMBRE TAMPOCO HAY TANTA, ¿NO?

¡NOOOo!... ¡QUÉ VA!...

ADEMÁS, CORTAR UNOS ARBOLITOS, EMPORCAR UN POCO EL AGUA O DEJAR IMPUNES A CORRUPTOS Y ASESINOS...EN FIN, EL PRIMER INDULTO EN ESTA TIERRA, SEÑOR, SE LO DISTE TÚ MISMO A CAÍN.

YO TAN SOLO QUERÍA AYUDAR, HIJOS. PERO ENTIENDO: TRANQUILOS, QUE NADA CAMBIARÁ.

— USTED NO SE PREOCUPE, QUE YO ME ENCARGO DE PLANTEARLE SU CASO AL SEÑOR SUBSECRET.... ¡PERO SI!.. QUEDESE TRANQUILO, QUE SI YO LE DIGO QUE TENGO CONFIANZA CON EL SEÑOR SUBSECRETARIO, ES PORQUE TENGO CONFIANZA CON EL SEÑOR SUBSECRETARIO.

—QUE EL DÍA DE MAÑANA NADIE VENGA A DECIRME QUE NO SUPE DARLES A LOS MÍOS TODO LO QUE ELLOS NECESITABAN.

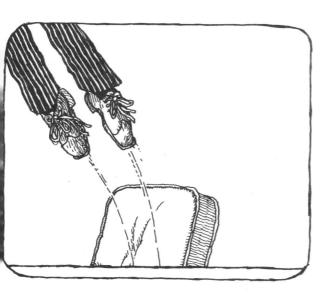

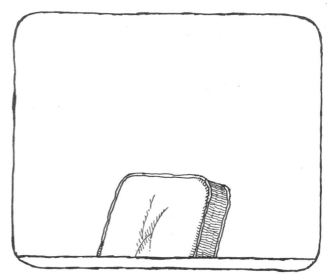

~CREAME QUE LUEGO DE COMPARTIR CON USTED TANTOS AÑOS DE TRABAJO NOS RESULTA MUY PENOSO DEBER NOTIFICARLE QUE DE ACUERDO A LA ÚLTIMA REESTRUCTURACIÓN DE LA EMPRESA USTED HA SIDO DECLARADO "*PERSONAL OBSOLETO*".

USTED VIENE POR EL EMPLEO, ¿VERDAD? LE ADVIERTO QUE ES UN TRABAJO DURO.

¡NO ME ARREDRAN ESFUERZOS NI FATIGAS!

BIEN, ¿APELLIDO?

¡ME HONRA LLEVAR EL DE MI SEÑOR PADRE, QUE FUÉ TODO UN CABALLERO A QUIEN DIOS TENGA EN SU SANTA GLORIA!!

SÍ, BUENO, PERO, ¿CÓMO SE LLAMABA?

¡¡PÚFH!! ¡¡DE TODO LO LLAMABAN: "CORRUPTO" "MAFIOSO", "ESTAFADOR"...

...."COIMERO", "NARCO", "CONTRABANDISTA".... ¡¡TODAS INFAMES CALUMNIAS!! ¡JAMÁS LA JUSTICIA PUDO PROBAR AQUELLA PATRAÑA DEL "ENRIQUECIMIENTO ILÍCITO"!!

....Y COMO NO ENCONTRARON LA FAMOSA RIQUEZA INVENTARON QUE MI PADRE LA PERDIÓ EN EL JUEGO DEJANDO DEUDAS IMPAGAS. CON ESA EXCUSA NOS EMBARGARON TODOS LOS BIENES. ¡EN LA CALLE NOS DEJARON LOS MUY CHACALES!!...

MI PADRE RICO, ¡¡POR FAVOR!! SI MI PADRE HUBIERA SIDO RICO, ¿VENDRÍA YO AQUÍ POR UN EMPLEÚCHO? ¡GUÁRDENSELO, EL EMPLEÚCHO! ¡UNO ES GENTE DIGNA!! ¡¡ADIÓS!!

¡NADA! ¡A MÍ JAMÁS ME DARÁN UN EMPLEO EN NINGÚN SITIO!

DIGO EL NOMBRE DE MI PADRE Y, ¡ZÁS!...SOY UN PERSEGUIDO POLÍTICO. NI BIEN LO OYEN ME CIERRAN TODAS LAS PUERTAS.

POR SUERTE, CON TU TRABAJO... ¡PERO NO SABES CÓMO SUFRO VIÉNDOTE ASÍ TODO EL DÍA! A PROPÓSITO, ¿COBRASTE ALGÚN VESTIDO, HOY?

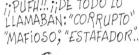

NECESITO IR AL BAR A MITIGAR UN POCO EL ASCO QUE ME DA TODO. ¡¡MISERABLES!! ¡Y LUEGO HABLAN DE DEMOCRACIA!!

110

¡RECTITUD!

RECUERDO, COMO SI FUERA HOY, EL DÍA EN QUE MI PADRE ME DIJO.......

"TENGA, MUCHACHO, Y NO LA PIERDA JAMÁS. HAGA LO QUE HAGA, ESTÉ DONDE ESTÉ, LA CONSIGNA ES: ¡RECTITUD, SIEMPRE RECTITUD!!"

Y, AÚN HOY, SU VOZ ME ACOMPAÑA SIEMPRE, ALENTÁNDOME...

"¡CORAJE, MUCHACHO! ¡¡CORAJE!!"

DISCULPE, JOVEN.... ¿NO VIO POR AQUÍ UNAS ILUSIONES?

¿ILUSIONES? NO, NO. ¿ILUSIONES DE QUÉ?

¡¡DE TRIUNFAR EN LA VIDA, ERAN!! ¡Y MUCHAS: DOS PUÑADOS DE ILUSIONES!!

¿AJHÁ?

ESO SÍ, PEQUEÑITAS. PERO PEQUEÑITAS-PEQUEÑITAS, EH? ¡ASÍ HABÍAN QUEDADO!

¡TAN GRANDES QUE ERAN!... SE ME FUERON ACHICANDO....ACHICAAANDO.... Y UNA VEZ MUERTAS NI LE CUENTO. ¡OTRA QUE ILUSIONES!!... ¡¡PIOJOS, PARECÍAN!!... ¡PERO AUN ASÍ LES TENGO CARIÑO!

¿¿CÓMO MUERTAS?? ¿ESTAS SON ILUSIONES MUERTAS??

¡AH, PERO ENTONCES USTED......!!

¡SÍ, YO...!..

¡TÓMELAS, ABUELO!...¡PERDÓNEME! ¡YO NO SABÍA!.. YO...YO... ¡¡PERDÓNEME!!...

¡¡MUERTAS, QUÉ ASCO!! ¡AHORA QUIÉN SABE CUÁNTO ME SALE MANDAR ESTA PORQUERÍA AL LAVADERO!!.....

BUENOS DÍAS

BUENOS DÍAS
¿EL SEÑOR DESEA?

QUISIERA UN POCO DE
DIGNIDAD, POR FAVOR.

¿DE QUÉ TALLE?

COMO PARA MÍ.

MMH...¡NO!

NOS QUEDA SÓLO ALGO
DE DIGNIDAD INFANTIL

DIGNIDAD ADULTOS
ESTÁ FALTANDO

PERO..¿RECIBIRÁN, VERDAD?
PORQUE VIVIR SIN DIGNIDAD...
¡¡SERÍA TERRIBLE!!

¡SEGURO QUE SÍ! DÉSE UNA
VUELTA DENTRO DE DOS
Ó TRES SEMANAS.

NOS VEREMOS,
¡GRACIAS!

A USTED

¿QUIÉN SE ANIMA A DECIRLE QUE LA
FÁBRICA ESTÁ CERRADA POR ESCASEZ
DE MATERIA PRIMA, POBRE ABUELO!!

SEÑORITA, POR FAVOR, ¿ROPA PARA BEBÉ?

¿BEBÉ CONCEBIDO EN CAMA, EN PROBETA, EN VEHÍCULO O DÓNDE?

BÉH,...NO SÉ. DEBO HACER UN REGALO, Y NO PUEDO IR A PREGUNT...¡PERO, PARA LA ROPA QUÉ IMPORTA, DISCULPE?

IMPORTA, Y MUCHO, QUERIDA: PARA EL BEBÉ CONCEBIDO EN CAMA LA ROPITA DEBE SER DE FIBRAS NATURALES, TIPO ALGODÓN, LINO, Y ASÍ.

PARA EL DE PROBETA, EN CAMBIO, SE BUSCAN FIBRAS SINTÉTICAS, MATERIALES PLÁSTICOS, POLIESTER, ETC.

EL BEBÉ CONCEBIDO EN COCHE, TREN, AVIÓN...VISTE ROPA MÁS TIPO TAPICERÍA, TRAMAS ESTILO CINTURÓN DE SEGURIDAD, ESE "LOOK", DIGAMOS.

ESO HACE QUE EL BEBÉ, ARROPADO POR TEXTURAS FAMILIARES A SU INCONSCIENTE, SE SIENTA SEGURO, PROTEGIDO...

Y CREZCA PACÍFICO, SERENO, SIN GENERAR LUEGO EN SU VIDA NI FOBIAS NI AGRESIVIDADES.

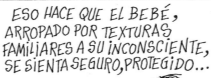  

PERO, SEÑORITA...¡TODO ESO QUE ACABA DE DECIR ES UNA SERIE DE ESTUPIDECES!!

¡¡DIOS MÍO, QUÉ GRADO DE ESTUPIDEZ DESESPERANTE!!

¡¡¿¿Y A VOS DÓNDE TE CONCIBIERON??!! ¡¡¿¿EN UN CAMPO DE ORTIGAS, MALEDUCADA GROSERA, DESCORTÉS IGNORANTE ASQUEROSA??!!

115

¡PÓNK!

DISCULPE, SEÑOR, FUE SIN QUERER. ¿ME PERDONA?

¡PERO SÍ QUE TE PERDONA, HIJITO! ¡EL ABUELO ES BUENO!

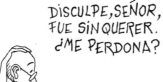

¿POR QUÉ LO ENGAÑA? ¡¡NADIE ES BUENO!!

♫ ¡VAAAMOS, ABUEEELO! ♫ ¡HAY CANTIDAD DE GENTE BUENA!

¡¡MENTIRA!! ¡¡LA HUMANIDAD HA SIDO, ES Y SERÁ SIEMPRE UN ASCO!!

¿CÓMO UN ASCO? JESUCRISTO, MAHATMA GANDHI, MARTIN LUTHER KING,... ¿NO FUERON BUENA GENTE?

¡SÍ! ¿Y QUÉ HICIMOS CON ELLOS? ¡¡ASESINARLOS, A LOS TRES!! ¡¡ASÍ DE BUENOS SOMOS!!

PERO,... ESTÁN MADRE TERESA DE CALCUTA... ¡¡EL PAPA!!

¡NARCISISTAS, QUE EXHIBEN SU BONDAD COMO CLAUDIA SCHIFFER SU FÍSICO! ¡¡PTUA'JH!!

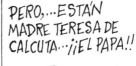

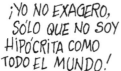

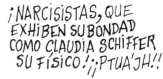

BUENO, ¡¡TAMPOCO EXAGEREMOS, EÉH??!!

¡YO NO EXAGERO, SÓLO QUE NO SOY HIPÓCRITA COMO TODO EL MUNDO!

¡¡MÁH, SSÍÍÍ!! ¡¡MORITE, VIEJO INSENSIBLE!! ¡¡NO MERECÉS TODO LO QUE LOS DEMÁS HAN HECHO POR VOS!!

¡¡BAZOFIA INMUNDA!! ¡¡DESAGRADECIDO!!

Y VOS,... ¡¡ANDÁ APRENDIENDO CÓMO TRATAR A ESTOS PODRIDOS PESIMISTAS NEGADORES DE LA BONDAD HUMANA!!

—¡PERO!...¡¿CÓMO?!...¿USTEDES RECIÉN ESTÁN CONTAMINANDO EL PLANETA?...¡¡PÚUH, NOO!!...¡NOSOTROS ESTAMOS YA EN UNA ETAPA MUCHÍSIMO MÁS EVOLUCIONADA!!

—¡¡AAAAHSSSÍ: A NOSOTROS SIEMPRE NOS GUSTÓ LA SENCILLEZ DE LO NATURAL!!...

~SÍ, CLARO, NO ES COMO VIVIR EN EL CAMPO, PERO NO ME DIRÁ
QUE EN MEDIO DE TODA LA LOCURA, EL ANSIA, LA NEUROSIS Y EL
STRESS QUE PRODUCE LA CIUDAD, TRAER UN POCO DE ESTA SERENA
PAZ RURAL NO LE CALMA EL ESPÍRITU A CUALQUIERA.

POLICÍA HUMORÍSTICA. DOCUMENTOS, POR FAVOR.

AJHÁ;..."DE PROFESIÓN DIBUJANTE." ¿DIBUJANTE DE HUMOR? EEPPSSII!

¿Y POR QUÉ NO ESTÁ DIBUJANDO? ¡¡YO NO VEO QUE EN ESTA PÁGINA SUCEDA NADA GRACIOSO!!! ¡UD. DIBUJA O NO DIBUJA HUMOR?

¡SÍ, SÍ, MIRE: TODAS ESTAS SON PÁGINAS PUBLICADAS AQUÍ MISMO!!!

VEAMOS: LA MUERTE, LA VEJEZ, LA INJUSTICIA SOCIAL, EL AUTORITARISMO... ¿ESTOS SON TEMAS HUMORÍSTICOS, SEGÚN USTED?

¿ES ESTO LO QUE USTED HA HECHO DE HUMORÍSTICO EN SU VIDA?

¡NO, NO, ESPERE, HICE OTRAS COSAS!...

¡VEAMOS QUÉ DIABLOS ES ESTO, PERO, POR SU BIEN, ESPERO SE TRATE DE ALGO DIVERTIDO!

¿QUÉ OPINAN EN TU CASA DE CÓMO ANDAN LAS COSAS?

¡PÚF!

POR LO MENOS SON OPTIMISTAS, EN LA MÍA OPINAN QUE ¡PUAJ!

¡CLICK!

125

Impreso en **GRÁFICA GUADALUPE**, Av. San Martín 3773,
(B1847EZI) Rafael Calzada, Provincia de Buenos Aires,
Argentina, en el mes de febrero del año 2003.